U0469572

eons
艺 文 志

DIE RÜCKKEHR VON DELEUZE

德勒兹归来

不可思议的俄耳甫斯之新历险

[德] 马丁·汤姆·迪克 绘画　[德] 延斯·巴尔策 编剧　陈美洁 张晓媛 翻译
Martin tom Dieck　　　　　Jens Balzer

上海文艺出版社

德勒兹归来(1)

这里真美。

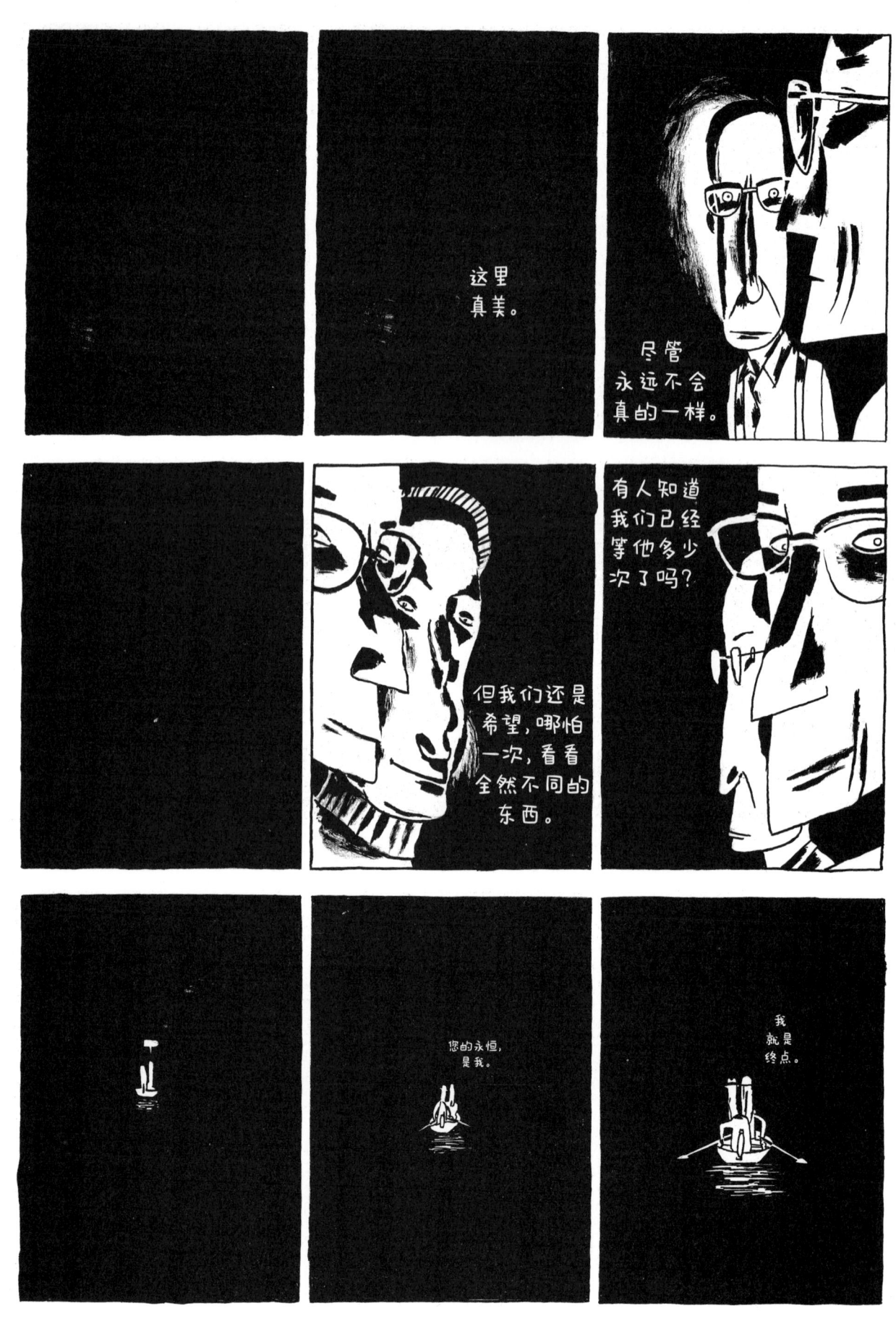

尽管永远不会真的一样。

但我们还是希望,哪怕一次,看看全然不同的东西。

有人知道我们已经等他多少次了吗?

您的永恒,是我。

我就是终点。

永恒，即终点。

终点与出口。

你好，德勒兹！

啊，朋友们！是的，我归来了。

亲爱的德勒兹！对我们来说，在这里迎接你俩……

……已经成了习惯。但你俩每次消失之后……

……都去哪儿了？

请听我说，德勒兹。

我想过了，您欠的账一笔勾销，只要您重新给我讲讲这一切。

太好了！

快讲讲！我们想知道……

……为什么你跟这个船工……

……一直没完没了。

啊……死亡与差异，难分难舍……	讲讲看……你俩好像捆绑在一起。	啊……一切开始于…… 我们的车在那里！
来，亲爱的德勒兹…… ……我们带你去那间屋子。	好吧……我第一次见卡戎的时候…… 等一下！	拉康去哪里了？
拉康！喂，喂！拉——康！ 拉康！	喂！拉康！你倒是应个声啊！	在冥间消失……多么可怕的命运！

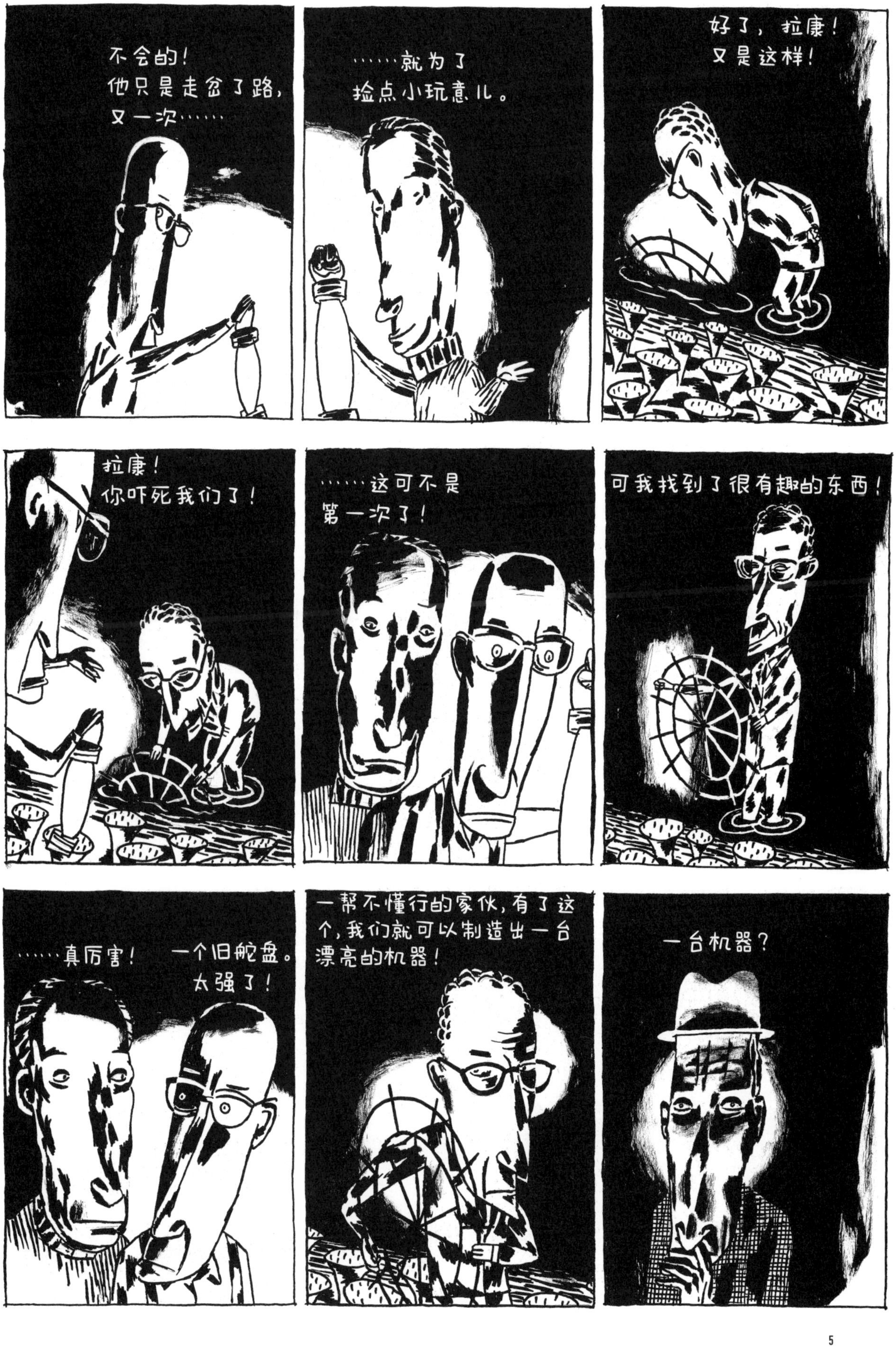
不会的！
他只是走岔了路，
又一次……
……就为了
捡点小玩意儿。
好了，拉康！
又是这样！
拉康！
你吓死我们了！
……这可不是
第一次了！
可我找到了很有趣的东西！
……真厉害！
一个旧舵盘。
太强了！
一帮不懂行的家伙，有了这个，我们就可以制造出一台漂亮的机器！
一台机器？

你要知道，德勒兹……拉康喜欢制造机器。	他还画设计图说明如何制造机器。	他想要…… 对，我想要……
……在这底下完成我活着的时候就偏好的工作。	我也是这么打算死后之事的。	直到卡戎跟我说…… 啊！我们终于到了！
这就是我们的车！ 它可真漂亮！	我们的一位朋友制造的。 拉康根据巴特的描述……	……画的设计图。 其实这车……

……就是之前
轧死巴特那辆。
片刻的模糊记忆：
是的，没有它，
我不会在这里。
拉康！现在，
真的够了！
这又是
怎么个
意思？
我怀疑这辆车
缺第五个轮子。
这会提供一种新的审美。
车有四个轮子。
不是五个。
对你来说，有用的东西
才有意义。这……
……很狭隘。
我只要这车
能开就行了。
对了，我跟卡
戎一开始也
有过这样的
争论。
启动！
我们可以
在路上讨论。
当他问
……

也许你是位不错的绘图员，拉康……	但要当设计师，你没这个能力。要是……	……听从你的建议……我们这会儿还在外面、在黑暗之中等着呢。
这里很昏暗……	……又很偏僻。 我很惊讶……	……勒戎河上如此黑暗。我跟卡戎说过……你一直没跟我们讲过河的事，德勒兹！……
快，亲爱的德勒兹！是时候下决心跟我们讲讲……	……过河途中发生的事了！	用了那么长时间……你们是迷路了吗？

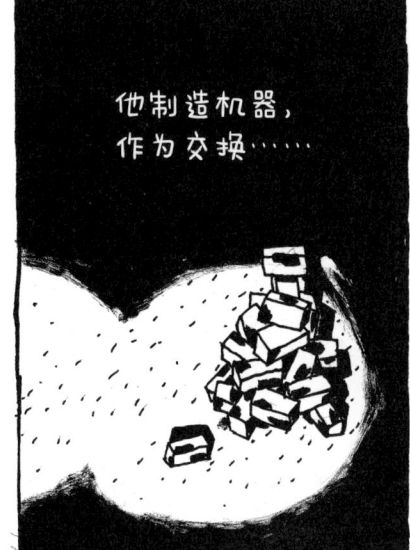

我们要怎样才不会在这黑暗中迷失呢？	有机器，它带我们到处走，到地方我们……	当心，笨蛋！
精妙的机器会在坑坑洼洼之中……找到自己的路。	这是谁制造的？一位朋友，他给我们制造了所有的机器……	……照亮我们的屋子和邻屋的发电机。
他制造机器，作为交换……	……我们给他提供制造所需的一切。	

我们到了。你马上就能认识他。	我提供照明。	现在,他把狗弄醒。
狗是机器的第一个部分。它会吓到猫…… 汪!汪!	……猫的尾巴连着一个摇杆开关。	真是够复杂的。
开关启动装置触发火箭。	火箭撞向平台上的球。	球落到金属翘板上……

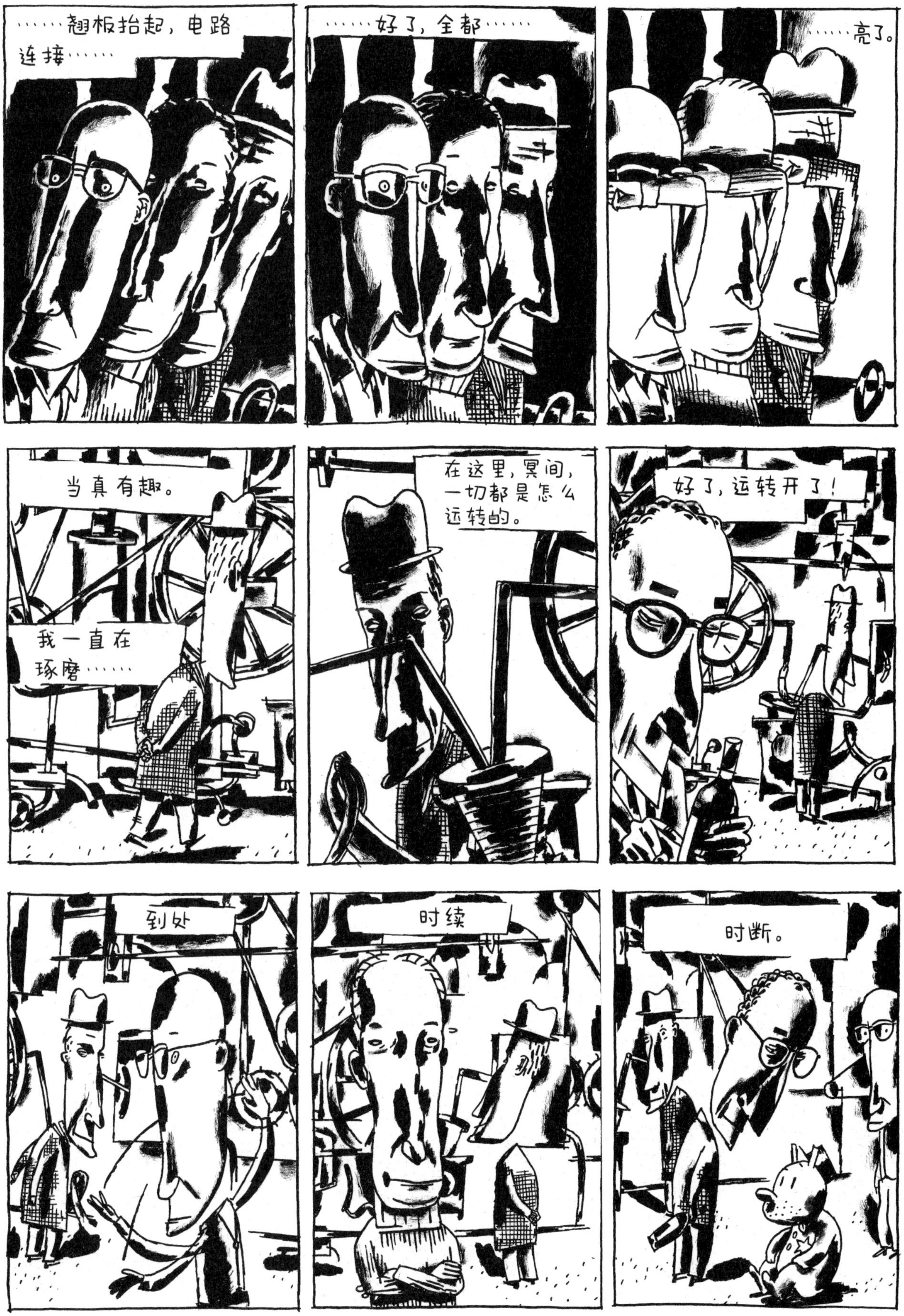
……翘板抬起，电路
连接……
……好了，全都……
……亮了。
当真有趣。
我一直在
琢磨……
在这里，冥间，
一切都是怎么
运转的。
好了，运转开了！
到处
时续
时断。

不过我们也可以作出相反的推断。	它并没有运转。	它运转是由于它没运转。
到处 时续	时断。	又开始了! 又停电了!
有时候我们希望一些机器能减少停工。	我们希望? 一些机器?	

我不希望！这些机器，我不在乎！我想要光亮！	我讨厌动不动就停工！	我想要这里的一切 运转 不停！
福柯又作怪了。 哎呦！	最好是监视着他。 惩罚！	我想我们要惩罚这个废物！
我要找制造这些机器的人。 哎呦！	是的！你总归会惩罚它！	惩罚？不行！我可以给他提供舵盘。

我在找制造这些
机器的人。
我很愿意
认识这个人。
亲爱的
福柯，
喝……
我的舵盘
肯定会让他
欣喜若狂。
拉康要去看制造
这些机器的人！
……杯
茶
吧……
一起啊，我们去
制造漂亮
家伙。
我跟着他！
福柯！

德勒兹归来（2）

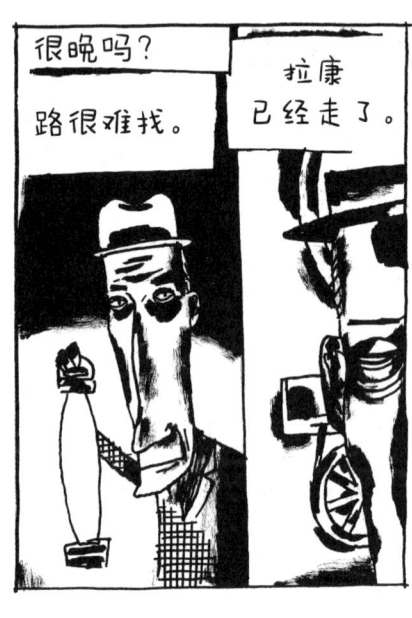

很晚吗？ 路很难找。 拉康已经走了。	能把螺丝刀递给我吗？	这里是亮的。 这里一直都是亮的。
光来自我的机器。	只要我的机器运转，这里就是亮的。	原来是您制造了发电机。
我还以为冥间一点儿光都没有呢。	我以为永远是黑夜。	

的确，这里之前从没有过光……		……直到我偶然发明出来。
我很喜欢发明机器。这让我的生命有了意义。	而机器能发明出合理的事物来。	有人给我带来部件，我把它们组装起来……
……让它们具有功能。	比如说，这些东西会发光。	尽管事实上我们在这地下并<u>不需要</u>光。

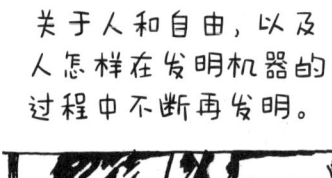

您制造无用的东西？即使没人向您提出这种要求？	您这是强迫行为！	您有神经症！
强迫？神经症？完全不会。	您让我很失望，亲爱的朋友。但是，您应该知道，	既然您自己已经在这方面写过一本书。
真的！您自己读读，给！一本关于机器的书？	关于人和自由，以及人怎样在发明机器的过程中不断再发明。	以其固有的能力将自己投射在其自由中。这不可能。

为什么不可能？总之，这本书里有我，您看……	这里，第479页，您自己写的：自由就是愉悦地制造机器。	您把我描绘为一个自由的人！
	我感觉您读过一些东西，亲爱的制造师……	……但您读得不好。 怎么"不好"？
毋庸置疑，您是位优秀的制造师。但要成为一位发明家……	……您还缺乏真正发明家的自由。	您的机器生产并不自由。

没有不顾一切地冒险，一位制造师就不是自由的制造师！	您考虑过制造一台改变一切的机器吗？	一切？ 一切！
全部一起？ 为什么不呢？	全部一起，不可能。特定而言，而非一般来说，这不可能。	但是您刚刚承认读过我的书，您也想要自由！
您再读一读，下次从这里开始，从第486页。	试验机器零件时应服从生产关系。	重要的不是不停地用新的……

……零件生产新的机器。

想要自由的人就得制造改变包括生产关系在内的一切的机器。

包括生产关系？但这没有意义！

那么您想想！您已经制造了很多机器：

实用的机器。

意义占据上风的机器。

娱乐的机器。

首要颂扬荒诞的机器。

但是您的所有机器都遵从同一种约束：

它们不违抗逝去时间的约束！

它们不违抗瞬息! 可这是不可能的。	瞬息的时间是制造机器的首要条件。	一件事发生,接着是另一件。 B是A的结果。
但是要从A变成B……	……时间应该从A和B之间穿过。 很有可能。	……但是您从没考虑过制造一台机器来越过瞬息吗?
一台时间机器? 不可能。	但是,亲爱的朋友,我相信您是发明家,您是自由的。	拿好拉康带给您的这个机器零件。您会用这玩意儿来发明什么?

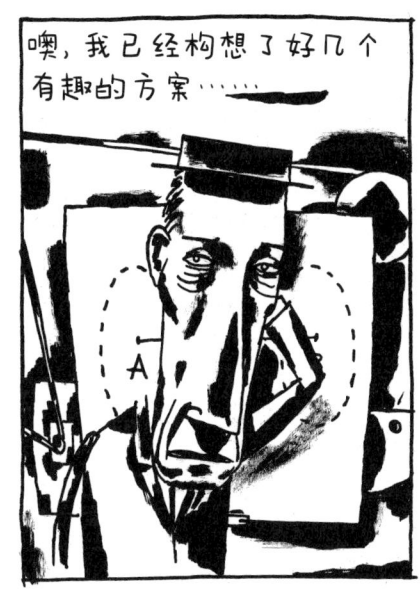

噢，我已经构想了好几个有趣的方案……	比如说，我们可以……请等等……	比如说，我们可以把它跟胶皮长靴、绞盘和狗组合起来。
舵盘充当滑轮……	……牵引一根绳子……	……绳上系一只靴子，等到绳子……
……一松开，靴子踢向狗，狗逃跑……	……带着绞盘向后转。妙极了……	……不是吗？但我们也可以把它跟小车、搅拌器和猫组合起来。

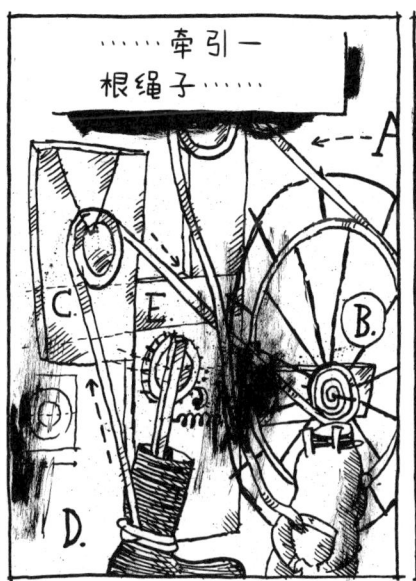

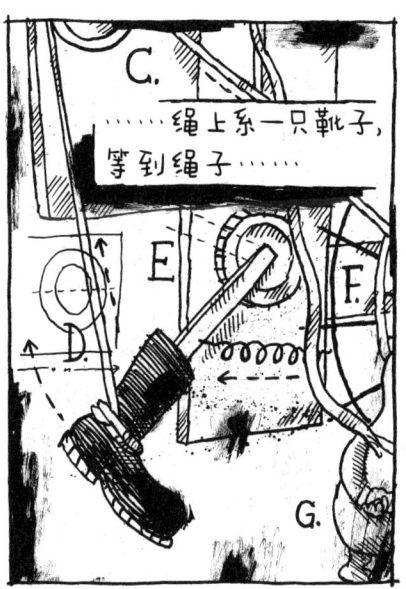

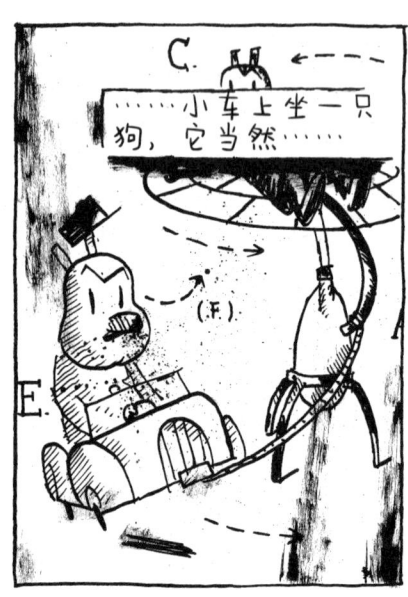

搅拌器驱动舵盘	……舵盘上绑着猫……	……猫的尾巴上用绳子挂一辆小车……
……小车上坐一只狗，它当然……	亲爱的朋友，您大费周章……	但是您没明白。
毋庸置疑，您是位优秀的制造师。	但只有欲望自由了，才能成为真正的发明家……	……这正是您所缺乏的。您看看，您还在想着被靴子踢中的狗……

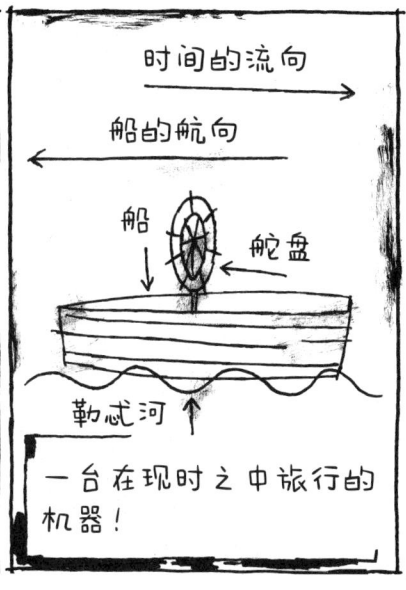

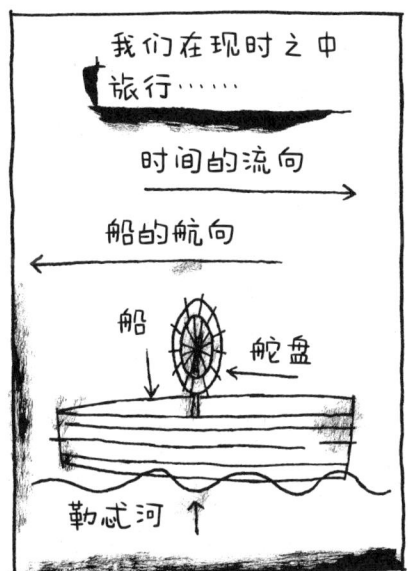

……我已经制定了一个更彻底的方案。

我们来制造一台时间机器吧!

时间的流向 →
← 船的航向
船 → ⊙ ← 舵盘
勒忒河 ↑
一台在现时之中旅行的机器!

我们在现时之中旅行……
时间的流向 →
← 船的航向
船 → ⊙ ← 舵盘
勒忒河 ↑

在这台时间机器上……

……我们逆着时间移动……

……逆着我们自身移动……
不好意思!

……逆着我们生命的流向移动。

驶向生者的世界!

一场新的历险开始了 我发现……	……他在…… ……一点一点消耗我们的耐心。	亲爱的朋友们，我们很快就归来！
	拉康，谢谢你的舵盘！	终

不可思议的俄耳甫斯之历险（1）

同一性即生成

与

疯狂的德勒兹

这里真暗。

比平时暗多了。

您是怎么知道的？

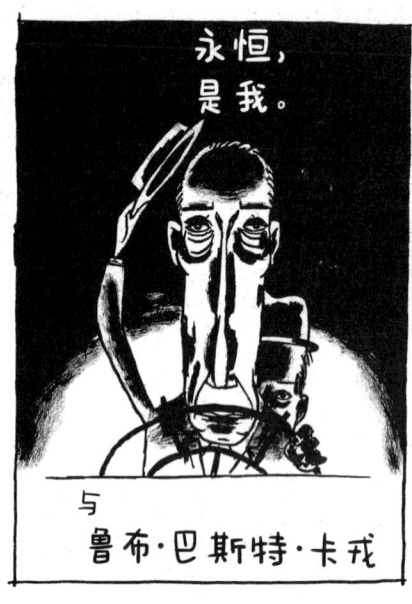

永恒, 是我。 与 鲁布·巴斯特·卡戎	噢,这不是我第一次来这里了。	您想不起来了?
您载我过河六次了。 不可能。	确实如此,这是我第七次过河了!	我记得很清楚。
与 布伯·麦克巴特	我们已经一起过河六次了。比如说,第四次的时候,这里……	……很明亮,而我们聊了生成和同一性。

以及同一性中的生成。我知道。

请掌一下舵,麻烦了。

好吧,您想起来了,是吗?

监视与惩罚

与 **福柯警管**

我想起这段谈话来了,是有过。

但与您聊天的不是我。

如果您与谁聊过六次天……

……那么每次聊天的人都不一样。如果您与我聊过天……

……我那时也是另一个人。

医生在这里 不存在性关系。	我清楚地知道您马上要做什么，	从您的口袋里翻出一本书给我。
与 **幸运的拉康**		
还是您上次递给我的那本书吗？	您真以为已经战胜了死亡吗？	就因为您从反方向过了一次河？
嘘 嘘 与 **好姑娘 欧律狄刻**	因为您发明了一台逆着时间的流向移动的机器……	……所以您以为您是自由的，

但您确定这一运动最终不会逆转到与之相反的方向吗?	就因为永恒包括了重复,所以您以为……	……我们就握有随心所欲从任何方向穿越重复的自由吗?
不可思议的 与 俄耳甫斯	哲学家先生,您怎么会当真以为………	……重复会与自由有关系?
重复是一种约束!	既不自由,也不快乐!	啊,朋友们!是的,我归来了。

再看看一部非凡的哲学历险漫画中所有您钟爱的人物

啊,朋友们!是的,我归来了。

不可思议的俄耳甫斯之历险（2）

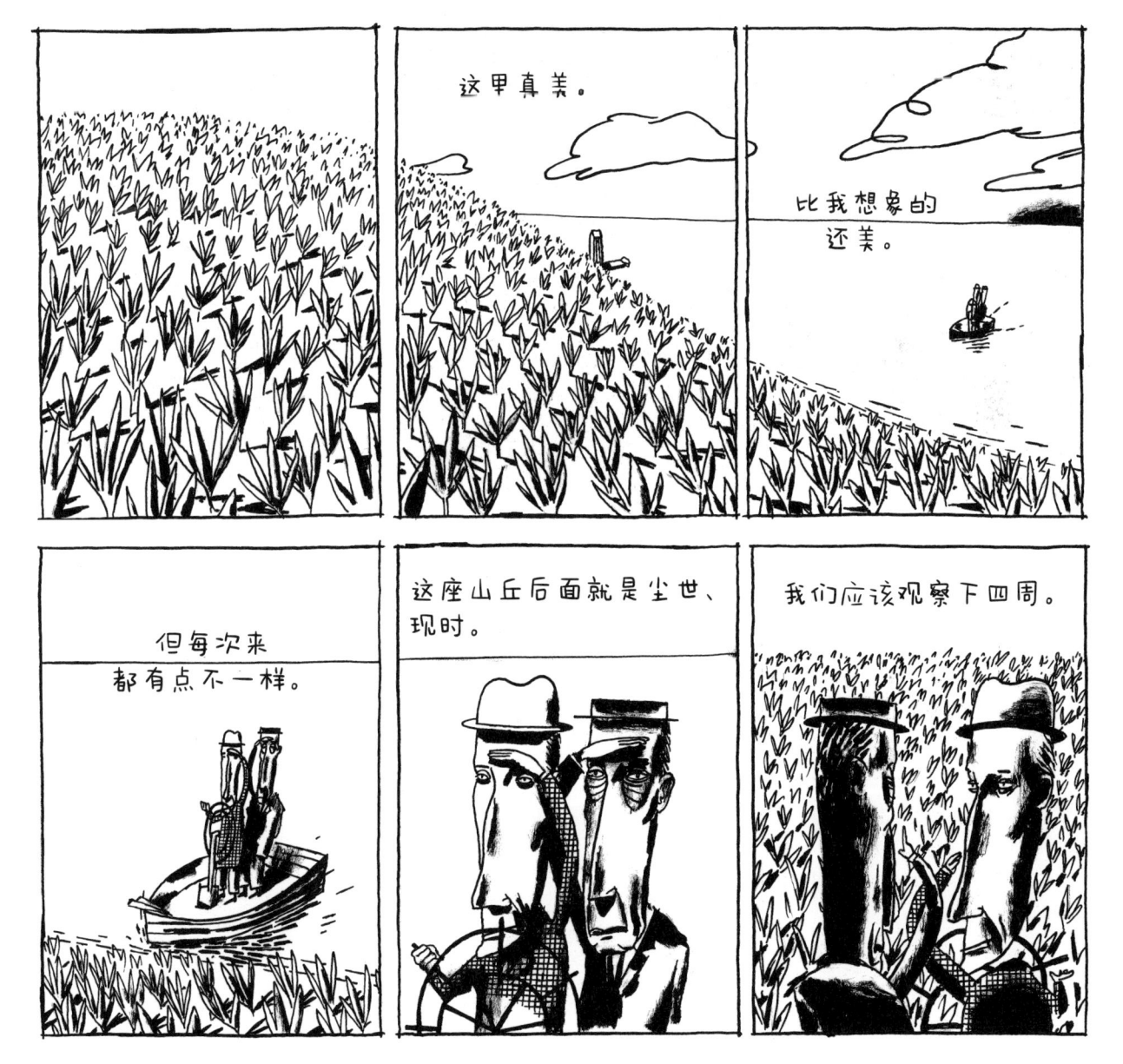

这里真美。

比我想象的还美。

但每次来都有点不一样。

这座山丘后面就是尘世、现时。

我们应该观察下四周。

Φυλάσσεσθε!
Φυλάσσεσθε!
Τὴν κώπην, ταχέως!
他说什么？
听不懂，他说的是希腊语。
Ἡμᾶς διώκουσιν!
Ἀγὼν περὶ ψυχῆς καὶ θανάτου!
噢，是俄耳甫斯！一个美男子，但很没礼貌。

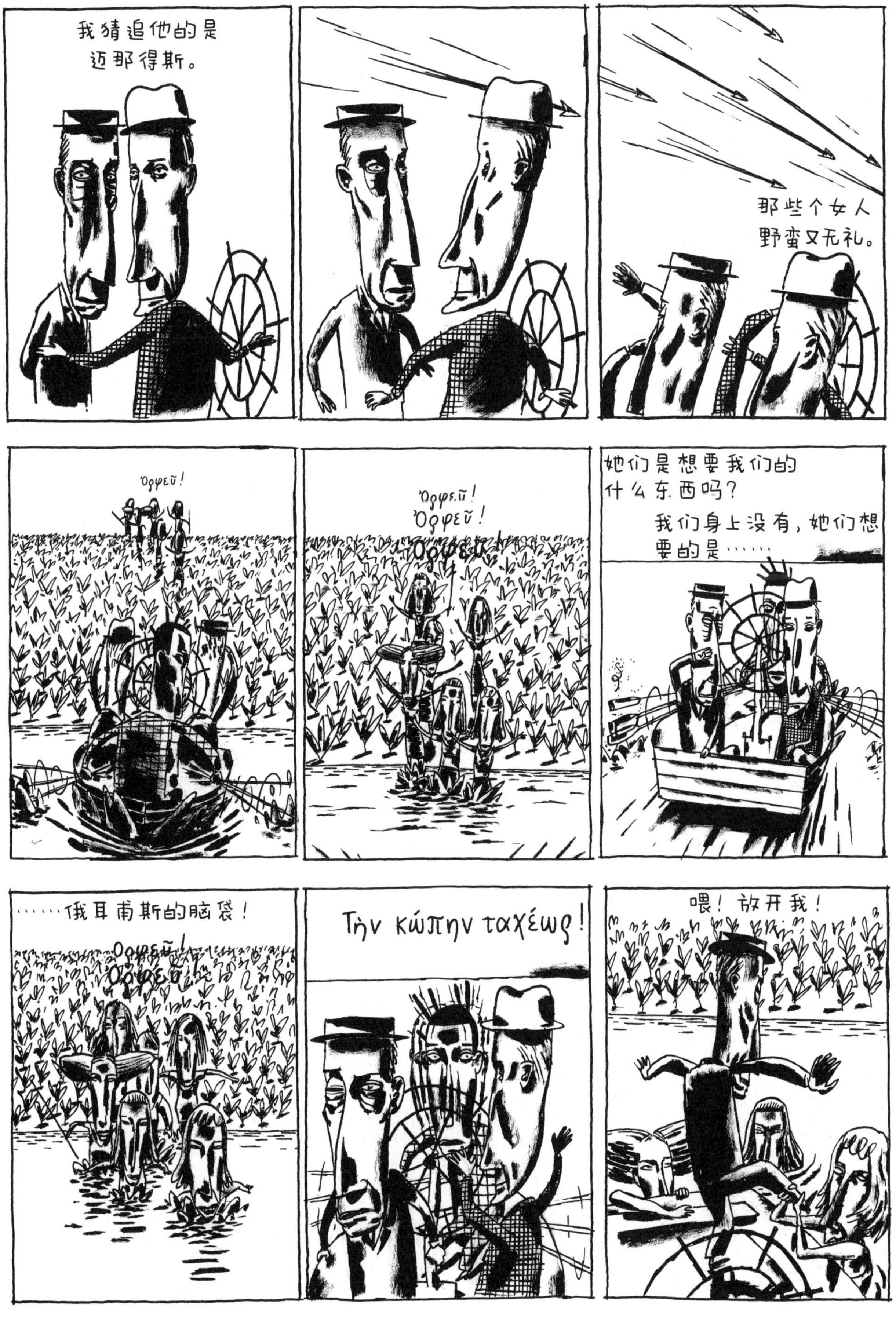
我猜追他的是
迈那得斯。
那些个女人
野蛮又无礼。
Ὀρφεῦ!
Ὀρφεῦ!
Ὀρφεῦ!
她们是想要我们的
什么东西吗？
我们身上没有，她们想
要的是……
……俄耳甫斯的脑袋！
Ὀρφεῦ!
Ὀρφεῦ!
Τὴν κώπην ταχέως!
喂！放开我！

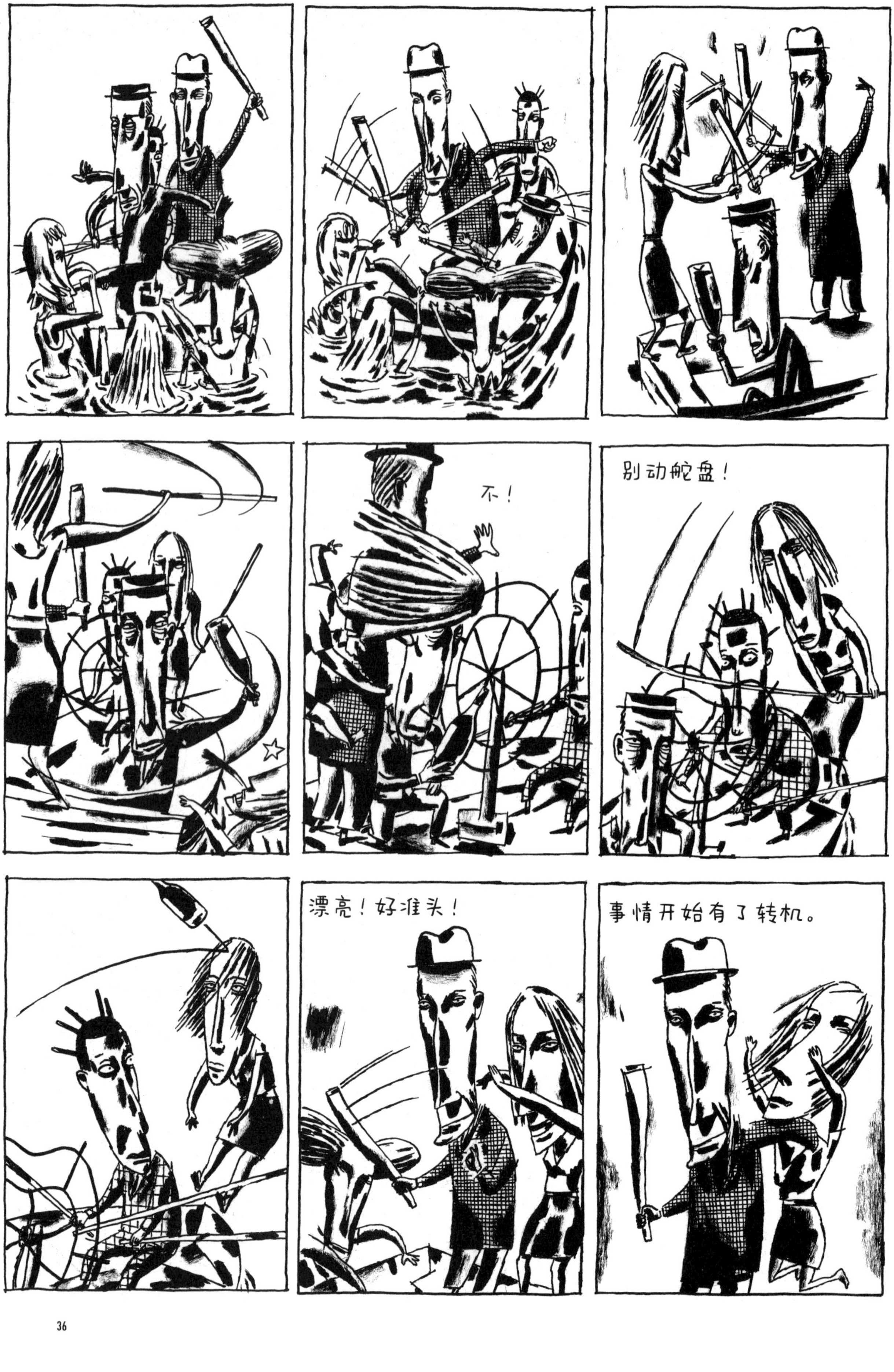
不！
别动舵盘！
漂亮！好准头！
事情开始有了转机。

必须得承认…… ……他精力真挺充沛。

但是,亲爱的朋友,您怎么会认为我没有感受到自由？

正相反,我常常自得其乐！

Αἰτοῦναι...

...τοὺς ὀφθαλμοὺς ἐμοὶ περιδεῖν.

他说什么？	听不懂，他说的是希腊语。	Δεῖ μοὶ τῶν ὀφθαλμῶν τῶν περιδεδεμένων...
他想要我们蒙住他的眼睛。	...εἰ δὲ μὴ τὴν Εὐρυδίκην πρὸς ἣν ἐπειδὰν τάχιστα εἰςεῖδον ἀπουνήςκειν ἀνάγκη.	他需要用一条布蒙住眼睛，因为如果他与欧律狄刻视线交错，她就会死。
欧律狄刻是他的爱人，正在对岸等他。	那请掌一下舵。	

这里真暗。	Οὕτως ἔχει καλῶς.	他说他觉得和我们一起挺好。
我真的受够了。我拒绝继续划桨。 Τί γὰρ εἶπεν;	他说什么？ 他说："他说什么？"	εἶπεν· ›Τί γὰρ εἶπεν?‹ 您说什么？
	我说："他说：'他说什么？'"	ὦ χαῖρ' Ὀρφεῦ!

噢！是欧律狄刻！
一个俏女子，但不大时髦。
您那三位朋友
给她带的路？
噢！这就是
俄耳甫斯！
噢噢！
噢噢！
好让人感动！
幸福的结局。
不会！他们不会有
幸福的结局。
您很清楚这个故事
是怎么结束的。
糟……糕……
糟糕地结束。

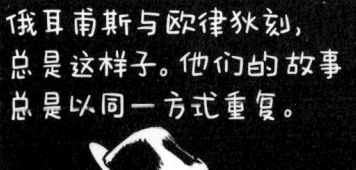

为什么悲伤，哲学家先生？	只有爱最重要！	但它却如此短暂……
俄耳甫斯与欧律狄刻，总是这样子。他们的故事总是以同一方式重复。	我相信任何重复中都有差异。	但只有在这些差异中，重复才重复。
在这些差异中，同一性认得其生成。	而且，确切地说，是其同一性的生成。	但这是强迫性的！

Εἰς αὖθις, ὦ φίλοι, χάριν δ'ὑμῖν ἔχω τῶν πάντων!	他说，再见……	……感谢您的这台漂亮机器。
一场新的历险开始了 他说，再见……	……感谢制造师…… ……的漂亮机器。	朋友们，我们…… ……归来了！

终

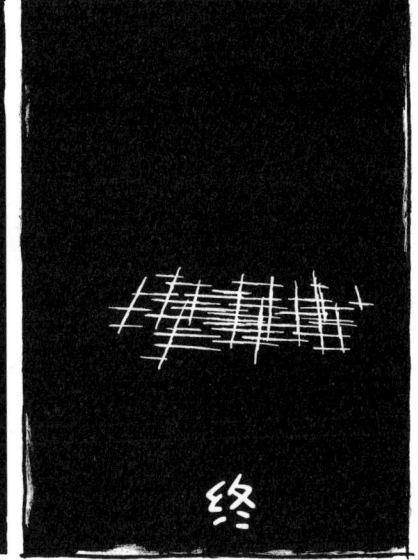

不可思议的俄耳甫斯之新历险

当心！当心！
当心！
划桨，快！
Τί γὰρ εἶπεν?
Ταῦτ' οὐκ οἶδα ἐπειδὴ γ' ἑλληνικῶς οὐ διελέχθεσαν.
她们在追我们！
这事关生死！
'Ιδέ, Δελεύς ἐστιν'
Ὁ ἀνὴρ μὲν εὐειδής ἐστι μάλιστα δ' ἀπειρόκαλος.

Δοκεῖ μοὶ αὐτὸν τὰς μαινάδας φεύγειν.		Γύναια ἄγρια καὶ ἀπαίδευτα
Δελεύς!	Τίνος μὴν δεόμενοι ἥκουσιν; ἡμῶν Δελεύς! γ' ἕνεκα?	Οὐδέν τι πάνυ, ἀλλὰ δὲ τὴν τοῦ...
Δελέως κεφαλὴν δέουνται!	Τὴν κώπην ταχέως!	Οἴμοι, νέμεσνέ μου!

μὴ δῆτα τὸ... πηδάλιον πάλιν αὖθις!

εὖγε, εὖγε τοιαύτην πληγήν!

Οἶμαι δὲ παύεσθαι καιρός ἐστιν.

	Δεῖ μόνον ὁμολογεῖν αὐτοῖς...	...ἐνέργεια μὴν αὐτοῖς ἐστιν.
那请掌一下舵。	Τίνα γὰρ εἴποντες ἔλεγον;	Ταῦτ' οὐκ οἶδα ἐπειδή γ' ἑλληνικῶς οὐ διελέχθεσαν.

Ὑφέσθε χρόνῳ ποτέ κώπας ἐλαύνειν!
您说什么？
Τί γὰρ εἶπεν?
Εἶπεν:›Τί ἔλεγες φάς?
我说："那请掌一下舵。"
Τί εἶπας?
›Εἶπον:»Ὑφέσθε χρόνῳ ποτὲ κώπας ἐλαύνειν!«‹, ἔφην.
Ὑφέσθε χρόνῳ ποτέ κώπας ἐλαύνειν!
就这样，挺好。
Εἶπεν ὅτι παρ' ἡμῖν καλῶς πράσσει.
您说什么？

Κατὰ δὲ μικρὸν οἶμαι παύεσθαι καιρός ἐστιν...
Κατὰ δὲ μικρὸν οἶμαι παύεσθαι καιρός ἐστιν...
叮咚
Κατὰ δὲ μικρὸν οἶμαι παύεσθαι καιρός ἐστιν...
Κατὰ δὲ μικρὸν οἶμαι παύεσθαι καιρός ἐστιν...
叮咚
叮咚
很高兴
见到您！
什么？
您读完了？

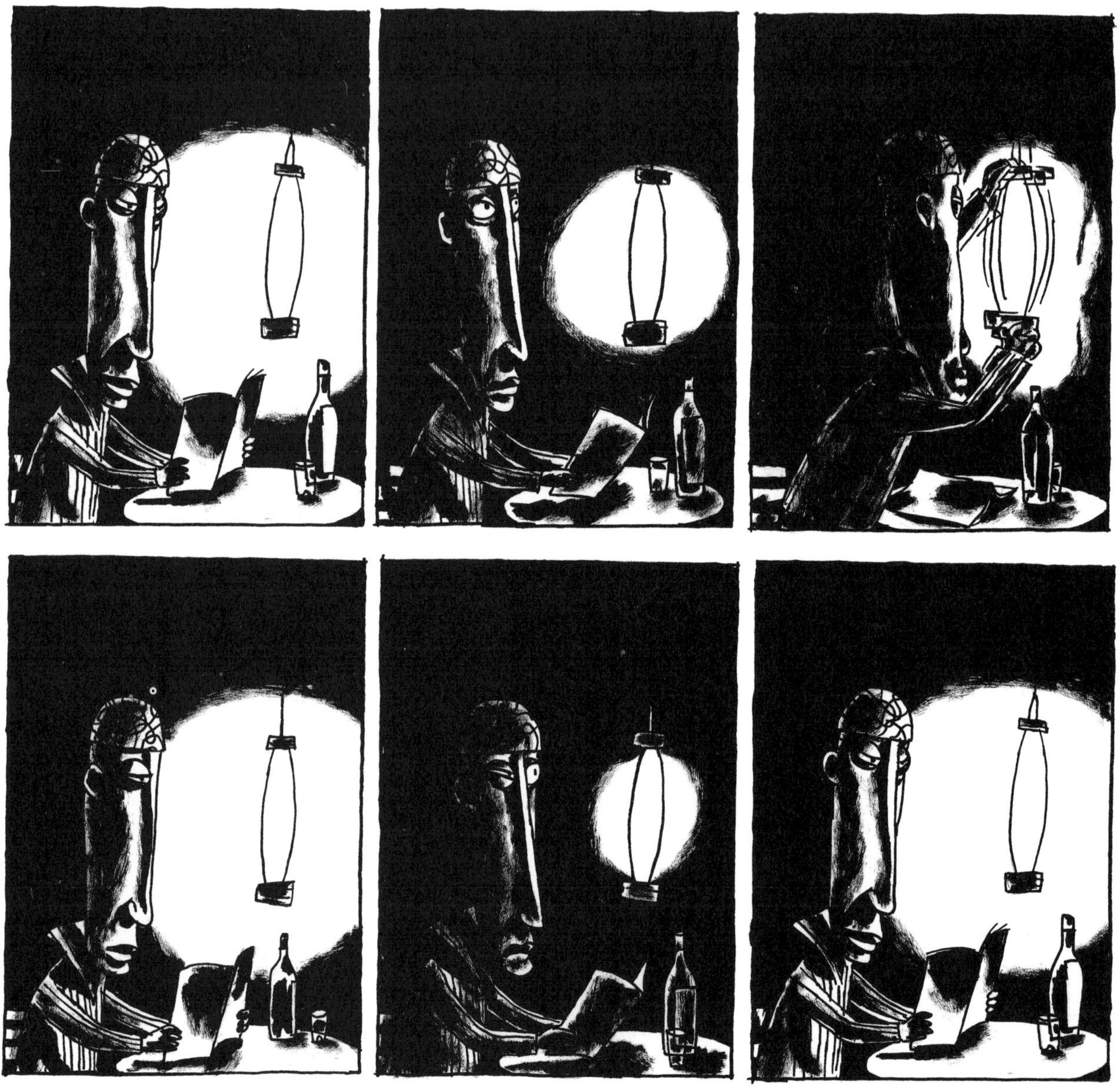

本书古希腊语中译如下（由张晓媛翻译；按所在页面从上至下、从左至右的格序）：

第 34 页

格 2　当心！
格 3　当心！
格 5　划桨，快！
格 7　她们在追我们！
格 8　这事关生死！

第 35 页

格 4　俄耳甫斯！
格 5　俄耳甫斯！俄耳甫斯！俄耳甫斯！
格 7　俄耳甫斯！俄耳甫斯！
格 8　划桨，快！

第 37 页

格 8　请……
格 9　……把我的眼睛蒙上。

第 38 页

格 3　必须把我的眼睛蒙上……
格 5　……如果不这么做，作为惩罚，仅看一眼就会使欧律狄刻即刻死去。

第 39 页

格 2　嗯，这样就好了。
格 4　他说什么？
格 6　他说："他说什么？"
格 9　噢，俄耳甫斯！

第 42 页

格 4　回吧，朋友们，感谢你们的一切！

第 44 页

格 2　这港湾真美。
格 3　比我期待的还美。
格 4　但每次来都有点不一样。
格 5　这座山丘后面就是尘世、现时。
格 6　我们好好观察下四周！

53

第 45 页

格 6　他说什么？
　　　听不懂，他们说的不是希腊语。
格 9　噢，是德勒兹！一个美男子，但未经世事。

第 46 页

格 1　我猜追他的是迈那得斯。
格 3　那些个女人野蛮又无礼。
格 4　德勒兹！
格 5　德勒兹！德勒兹！
　　　她们就快到了，她们是想要我们的什么东西吗？
格 6　我们身上没有，她们想要的是……
格 7　德勒兹的脑袋！
格 8　划桨，快！
格 9　喂！放开我！

第 47 页

格 5　说不准……
格 6　把船舵调回来！
格 8　漂亮，漂亮，再来几下！
格 9　我觉得转机要来了。

第 48 页

格 5　必须承认……
格 6　……他们精力真挺充沛。
格 8　他们刚才说什么？
格 9　听不懂，他们说的不是希腊语。

第 49 页

格 1　是时候放下桨了！
格 2　他说什么？
　　　他说："您说什么？"
格 3　您说什么？
格 5　我刚才说："是时候放下桨了！"
格 6　是时候放下桨了！
格 9　他说他在一旁帮我们。

第 50 页

格 1　不过，我觉得现在该休息一下了……
格 2　不过，我觉得现在该休息一下了……
格 3　不过，我觉得现在该休息一下了……
格 4　不过，我觉得现在该休息一下了……

注释（按所在页面从上至下、从左至右的格序）：

第 27 页

格 1　**风狂的德勒兹**，原文为"Krazy Deleuze"，是对乔治·赫里曼（George Herriman）的漫画《喵喵克拉奇》（*Krazy Kat*）中同名角色（其形象是一只猫）名字的戏仿。在此漫画中，耗子伊格纳茨（Ignatz Mouse）故意管该角色叫"Krazy Kat"，这是"Crazy Cat"（疯狂的猫）的谐音（为模拟该谐音，可将这个名字翻译为"风狂的喵"；为统一该漫画角色名字的翻译形式，这里音译"Krazy"，将这个名字处理为"喵喵克拉奇"）。耗子伊格纳茨常常朝喵喵克拉奇头上扔砖头，后者却将此行为视作爱的表达。值得一提的是，这部漫画的连续叙事方式和动机重复模式启发了《你好，德勒兹！》和《德勒兹归来：不可思议的俄耳甫斯之新历险》的创作。

第 28 页

格 1　**鲁布·巴斯特·卡戎**，原文为"Rube Buster Charon"，其中，"鲁布"取自美国漫画家鲁布·戈德堡（Rube Goldberg）的名字（本书中机器制造师所发明的机械装置也源于戈德堡的漫画作品，这类被设计得过度复杂、以极其迂回之方式去完成实际上非常简单之工作的机械组合被称为"鲁布·戈德堡机械"[Rube Goldberg machine]）；"巴斯特"取自美国喜剧演员巴斯特·基顿（Buster Keaton）的名字（基顿因其标志性的无表情身体喜剧表演被人戏称为"巨石脸"[The Great Stone Face]，此外，他对机械很感兴趣，这也表现在其影片中大量出现的机械装置上，本书中机器制造师的形象便源于他）。值得一提的是，德勒兹曾用戈德堡的漫画来阐述他自己的思想，即无意识像机器一样运转，而意义和无意义之间并无严格区分。德勒兹与加塔利合著的《反俄狄浦斯》首版则以戈德堡的一幅漫画作为卷首插画。而在《电影 1：运动 – 影像》中，德勒兹进一步评论了"鲁布·戈德堡机械"，并将其与基顿出演的几部影片中所展示的连锁反应式机器关联起来。

格 7　**布伯·麦克巴特**，原文为"Boob McBarthes"，是对戈德堡漫画《布伯·麦克纳特》（*Boob McNutt*）中同名角色名字的戏仿。该漫画一开始以搞笑小品的形式呈现，通常以布伯因其无辜的破坏行为而被折磨致死告终，后来变为每周连载，再后来，戈德堡将发明家路西弗·戈尔贡佐拉·巴茨教授（Professor Lucifer Gorgonzola Butts）这一角色引入其中，并加入了"鲁布·戈德堡机械"桥段。

第 29 页

格 4　**福柯警管**，原文为"Offissa Foucault"，是对《喵喵克拉奇》中另一角色狗狗奥菲萨（Offissa Pupp，这是"Officer Pup"[小狗警官]的谐音，为模拟该谐音，可将这个名字翻译为"狗哥警管"；为统一该漫画角色名字的翻译形式，这里音译"Offissa"，将这个名字处理为"狗狗奥菲萨"）名字的戏仿。在此漫画中，作为科科尼诺县法律与秩序的维护者，爱恋喵喵克拉奇的狗狗奥菲萨的任务就是干预耗子伊格纳茨的扔砖头计划，并将其关进县监狱。另，这三个角色均在本书中登场过。

第 30 页

格 1　**医生在这里**，原文为"THE DOCTOR IS IN"，是史努比系列漫画中露西（Lucy）医生精神疾病小诊所的导语。
　　　幸运的拉康，原文为"Lucky Lacan"，是对莫里斯（Morris）开创的漫画《幸运的卢克》（*Lucky Luke*）中同名角色名字的戏仿（同时也戏仿了露西医生的名字）。

格 7　**好姑娘欧律狄刻**，原文为"Eurydike the Good Girl"，其形象源于卡通角色贝蒂娃娃（Betty Boop）。贝蒂娃娃启发了1950年代的海报女郎贝蒂·佩奇（Betty Page），后者常以情色形象展现在海报中。这类以迷人的女性为主视觉的情色性平面艺术被称为"好姑娘艺术"（Good Girl Art），漫画也是其形式之一。

第 31 页

格 4　**不可思议的俄耳甫斯**，原文为"Incredible Orpheus"，是对漫威漫画《不可思议的浩克》（*The Incredible Hulk*）标题的戏仿。

图书在版编目(CIP)数据

德勒兹归来：不可思议的俄耳甫斯之新历险/
(德)马丁·汤姆·迪克绘；(德)延斯·巴尔策编剧；陈美洁，张晓媛译．--
上海：上海文艺出版社，2022
ISBN 978-7-5321-8305-0
I.①德… II.①马…②延…③陈…④张… III.①德鲁兹（Deleuze, Gilles 1925—1995）
—哲学思想—通俗读物 IV.① B565.59-49
中国版本图书馆CIP数据核字（2022）第028183号

发 行 人：毕　胜
责任编辑：肖海鸥　李若兰
特约编辑：任绪军
书籍设计：雨　萌
内文制作：角瓜文化

书　　名：德勒兹归来：不可思议的俄耳甫斯之新历险
绘　　画：[德]马丁·汤姆·迪克
编　　剧：[德]延斯·巴尔策
翻　　译：陈美洁　张晓媛
出　　版：上海世纪出版集团　上海文艺出版社
地　　址：上海市闵行区号景路159弄A座2楼　201101
发　　行：上海文艺出版社发行中心发行
　　　　　上海市闵行区号景路159弄A座2楼206室　201101　www.ewen.co
印　　刷：上海盛通时代印刷有限公司
开　　本：889×1194　1/16
印　　张：4
图　、文：64面
印　　次：2022年3月第1版　2022年3月第1次印刷
I S B N：978-7-5321-8305-0/B.079
定　　价：42.00元
告读者：如发现本书有质量问题请与印刷厂质量科联系　T：021-37910000

Neue Abenteuer des unglaublichen Orpheus. Die Rückkehr von Deleuze
© Martin tom Dieck, Jens Balzer
Simplified Chinese edition arranged through S.A.S BiMot Culture

Simplied Chinese translation copyright
© 2021 by Chongqing Yuanyang Culture & Press Ltd.
All rights reserved.

版贸核渝字(2021)第297号